Tse-Tung.

# Capítulo 1: "La revolución no es una cena de gala".

Cita original y contexto histórico

"La revolución no es una cena de gala, no es una obra literaria, un dibujo, un bordado; no puede ser tan refinada, tan tranquila y gentil, tan templada, amable, cortés, comedida y magnánima. La revolución es un acto de violencia por el que una clase derroca a otra".

Esta cita de Mao Tse-Tung pertenece a un discurso pronunciado en 1927, durante el periodo de intensa lucha revolucionaria en China. Mao hizo hincapié en que la revolución requiere sacrificio, determinación y un enfoque decidido, en lugar de una actitud pasiva o indulgente.

Interpretación desde una perspectiva empresarial

En el contexto corporativo, esta cita puede interpretarse como un recordatorio de la resistencia y la determinación necesarias para impulsar un cambio significativo en una organización. Las transformaciones corporativas, como las revoluciones, nunca son fáciles. Requieren valor, perseverancia y la capacidad de afrontar los retos de frente. He aquí algunos puntos clave:

1. Resiliencia: La transformación empresarial se topa a menudo con resistencias internas y externas. La resiliencia es clave para superar los obstáculos y mantener el rumbo hacia los objetivos fijados.

2. Determinación: La determinación es esencial para mantener la motivación y el compromiso, incluso cuando las cosas se ponen difíciles. Los líderes deben ser decididos y estar dispuestos a tomar

# Introducción sobre Mao Tse-Tung y el "Pequeño Libro Rojo

Mao Tse-Tung, nacido en 1893, fue uno de los líderes más influyentes del siglo XX. Fundador de la República Popular China, Mao condujo al Partido Comunista Chino a la victoria en la guerra civil contra el Kuomintang, estableciendo un régimen comunista en 1949. El "Pequeño Libro Rojo", titulado oficialmente "Citas del Presidente Mao Tse-Tung", es una colección de extractos de sus discursos y escritos, publicada por primera vez en 1964. Durante la Revolución Cultural (1966-1976), el 'Librito Rojo' se convirtió en un símbolo de lealtad al Partido Comunista y se distribuyó a millones de personas en toda China.

**Objetivo del libro**

El objetivo de esta guía es reinterpretar las citas de Mao desde una perspectiva empresarial, ofreciendo nuevas perspectivas y aplicaciones prácticas para los líderes y directivos modernos. Mao fue un maestro de la estrategia y el liderazgo, y muchas de sus ideas pueden adaptarse para abordar los retos del mundo empresarial contemporáneo. Cada capítulo explorará una cita específica, proporcionando el contexto histórico, la interpretación desde una perspectiva empresarial y ejemplos prácticos de cómo pueden aplicarse estas ideas para mejorar la gestión empresarial, el liderazgo y la estrategia.

**Estructura del libro**

El libro estará dividido en ocho capítulos, cada uno dedicado a una cita de Mao Tse-Tung. Cada capítulo comenzará con la cita original y el contexto histórico en el que fue pronunciada. A continuación, se ofrecerá una interpretación de la cita desde una perspectiva empresarial, destacando las lecciones que los líderes empresariales pueden aprender de ella. Por último, se ofrecerán ejemplos prácticos de empresas y líderes que han aplicado con éxito principios similares.

## ¿Por qué Mao Tse-Tung?

Mao Tse-Tung es una figura controvertida pero indudablemente influyente. Sus estrategias y tácticas transformaron China y tuvieron un impacto duradero en la política y la sociedad mundiales. Aunque muchas de sus acciones han sido criticadas, sus citas ofrecen profundas ideas que pueden aplicarse en diversos contextos, incluido el empresarial. Interpretar sus palabras desde una perspectiva empresarial no significa respaldar todas sus acciones, sino extraer lecciones útiles de un líder que supo navegar en tiempos de grandes cambios e incertidumbre.

## Cómo utilizar este libro

Esta guía está diseñada para líderes, directivos y empresarios que buscan inspiración y nuevas perspectivas para afrontar los retos de la empresa moderna. Cada capítulo puede leerse de forma independiente, lo que permite al lector centrarse en las citas y lecciones que considere más relevantes para su propia situación. Invito a los lectores a reflexionar sobre cómo pueden aplicarse estas citas en su propio contexto empresarial y a considerar las implicaciones de las estrategias de Mao para el liderazgo y la gestión.

Si es usted directivo, empresario o líder empresarial, este libro le proporcionará herramientas y estrategias para navegar por las complejidades del mundo de los negocios y construir un futuro próspero para su empresa. No pierda la oportunidad de transformar su enfoque de los negocios con las lecciones de Mao

decisiones difíciles.

3. Acción decisiva: Al igual que la revolución, el cambio empresarial requiere una acción decisiva y oportuna. No se puede esperar a que las condiciones sean perfectas; hay que actuar con determinación y prontitud.

Ejemplos prácticos

- Apple: La transformación de Apple bajo el liderazgo de Steve Jobs es un ejemplo emblemático de cómo la determinación y la visión pueden conducir al éxito. Cuando Jobs regresó a Apple en 1997, la empresa atravesaba dificultades. Con una serie de decisiones audaces, como el lanzamiento del iMac, el iPod y más tarde el iPhone, Jobs consiguió transformar Apple en una de las empresas más innovadoras y exitosas del mundo. Su resistencia y determinación fueron cruciales para superar los retos y guiar a la empresa hacia una nueva era de prosperidad.

- Tesla: Elon Musk se ha enfrentado a muchas dificultades para llevar a Tesla al éxito. Desde retos financieros hasta problemas de producción, Musk ha demostrado una extraordinaria capacidad de recuperación. Su determinación para revolucionar la industria del automóvil con vehículos eléctricos ha llevado a Tesla a convertirse en líder del sector. Musk ha subrayado a menudo la importancia de actuar con decisión y de no rendirse ante las dificultades.

Aplicaciones prácticas

1. Planificación estratégica: Las empresas necesitan desarrollar planes estratégicos claros y detallados para impulsar la transformación. Esto incluye la identificación de objetivos, la definición de los recursos necesarios y la planificación de las acciones a emprender.

2. Comunicación eficaz: La comunicación es crucial en tiempos de cambio. Los líderes deben comunicar claramente la visión

y los objetivos, motivando a los empleados y abordando las preocupaciones de forma transparente.

3. Gestión del cambio: Aplicar un enfoque estructurado a la gestión del cambio puede ayudar a mitigar la resistencia y facilitar la transición. Esto incluye la formación de los empleados, el seguimiento de los progresos y la adaptación de las estrategias en función de los comentarios recibidos.

Conclusión

"La revolución no es una cena de gala" nos recuerda que un cambio significativo requiere compromiso, resistencia y una acción decisiva. En el mundo empresarial, los líderes deben estar preparados para afrontar los retos con determinación y conducir a sus organizaciones a través de las transformaciones necesarias para alcanzar el éxito. Las lecciones de Mao Tse-Tung, reinterpretadas desde una perspectiva empresarial, ofrecen valiosas ideas para navegar en tiempos de cambio y construir un futuro próspero para sus empresas.

# Capítulo 2: "Quien no investiga no tiene derecho a hablar

Cita original y contexto histórico

"Los que no han investigado no tienen derecho a hablar".

Esta cita de Mao Tse-Tung subraya la importancia de la investigación y el análisis antes de expresar opiniones o tomar decisiones. Mao pronunció estas palabras en un contexto de lucha política e ideológica, subrayando que sólo quienes han comprendido a fondo una situación tienen autoridad para hablar y actuar en consecuencia.

Interpretación desde una perspectiva empresarial

En el contexto empresarial, esta cita puede interpretarse como un recordatorio de la importancia de recopilar y analizar datos para tomar decisiones con conocimiento de causa. En un mundo cada vez más impulsado por los datos, la capacidad de recopilar, analizar e interpretar la información es fundamental para desarrollar estrategias eficaces y tomar decisiones basadas en hechos. He aquí algunos puntos clave:

1. Investigación y análisis: Antes de tomar cualquier decisión importante, es esencial llevar a cabo una investigación en profundidad y analizar los datos disponibles. Esto permite comprender mejor el contexto e identificar las oportunidades y los riesgos.

2. Decisiones fundamentadas: Las decisiones basadas en datos concretos suelen ser más precisas y fiables que las basadas en corazonadas o suposiciones. El uso de datos para orientar las decisiones puede mejorar significativamente los resultados

empresariales.

3. Credibilidad y autoridad: Quienes han realizado una investigación exhaustiva y tienen una comprensión clara de la situación tienen mayor credibilidad y autoridad para tomar decisiones y guiar a la empresa.

Ejemplos prácticos

- Amazon: Jeff Bezos siempre ha hecho hincapié en la importancia de los datos y las métricas para impulsar las decisiones empresariales. Amazon utiliza el análisis de datos para optimizar todos los aspectos del negocio, desde la logística hasta la personalización de las ofertas para los clientes. Por ejemplo, el algoritmo de recomendación de Amazon, basado en los datos de compra y el comportamiento de los usuarios, es una poderosa herramienta para aumentar las ventas y mejorar la experiencia del cliente.

- Google: El uso de datos está en el centro de las operaciones de Google. La empresa utiliza complejos algoritmos y análisis de datos para mejorar sus servicios y ofrecer resultados de búsqueda relevantes. Google Analytics, una de las herramientas más utilizadas en el mundo, permite a las empresas supervisar y analizar el tráfico web, proporcionando información valiosa para optimizar las estrategias de marketing y mejorar el rendimiento en línea.

Aplicaciones prácticas

1. Recogida de datos: Las empresas deben implantar sistemas eficaces para recoger los datos pertinentes. Esto puede incluir el uso de software de gestión de datos, encuestas, análisis de mercado y herramientas de supervisión del rendimiento.

2. Análisis de datos: Una vez recopilados, los datos deben analizarse en profundidad. Esto puede requerir el uso de

herramientas de análisis avanzadas, como el software de inteligencia empresarial, y la colaboración con expertos en datos.

3. Decisiones basadas en datos: Las decisiones empresariales deben estar basadas en datos. Esto incluye la definición de estrategias de marketing, la gestión de los recursos humanos, la optimización de las operaciones y el desarrollo de nuevos productos o servicios.

Conclusión

"Quien no investiga no tiene derecho a hablar" nos recuerda que el conocimiento y la comprensión son cruciales para tomar decisiones informadas y dirigir con autoridad. En el mundo empresarial, el uso eficaz de los datos puede marcar la diferencia entre el éxito y el fracaso. Las lecciones de Mao Tse-Tung, reinterpretadas desde una perspectiva empresarial, ofrecen valiosas ideas para mejorar la recopilación y el análisis de datos, y para tomar decisiones más precisas y fiables. Los líderes empresariales deben invertir en investigación y análisis de datos para guiar a sus organizaciones hacia el éxito.

# Capítulo 3: "El poder político viene del cañón de una pistola

Cita original y contexto histórico

"El poder político viene del cañón de la pistola".

Esta cita de Mao Tse-Tung es una de sus más famosas y controvertidas. Pronunciada en 1927 durante la guerra civil china, Mao subrayó que el poder político depende en última instancia de la fuerza militar. Este concepto reflejaba la realidad de la lucha armada por el control de China, donde el poder a menudo estaba determinado por la capacidad de ejercer la fuerza.

Interpretación desde una perspectiva empresarial

En el contexto empresarial, esta cita puede reinterpretarse para subrayar la importancia del poder de decisión y de un liderazgo fuerte. En una empresa, el "poder" no procede de la fuerza física, sino de la capacidad de tomar decisiones eficaces, de dirigir con autoridad y de influir positivamente en la organización. He aquí algunos puntos clave:

1. Un liderazgo fuerte: Los líderes deben ser capaces de tomar decisiones difíciles y dirigir la empresa con determinación. Un liderazgo fuerte es esencial para sortear los retos y mantener a la organización en el buen camino.

2. Autoridad e influencia: Los líderes deben tener autoridad y capacidad para influir en los demás. Esto incluye la capacidad de comunicar una visión clara, de motivar a los empleados y de crear consenso en torno a las decisiones estratégicas.

3. Decisiones eficaces: Las decisiones deben basarse en una

comprensión clara de la situación y en un análisis exhaustivo de los datos. Los líderes deben estar preparados para tomar decisiones oportunas y gestionar las consecuencias de sus elecciones.

Ejemplos prácticos

- Microsoft: Bajo el liderazgo de Satya Nadella, Microsoft ha emprendido una importante transformación, adoptando la computación en nube y la inteligencia artificial. Nadella ha demostrado un fuerte liderazgo, tomando decisiones audaces que han permitido a la empresa seguir siendo competitiva e innovadora. Su capacidad para influir positivamente en la organización y dirigir con autoridad ha sido crucial para el éxito de Microsoft.

- Netflix: Reed Hastings dirigió Netflix a través de la transición de un servicio de alquiler de DVD a una plataforma global de streaming. Su fuerte liderazgo y su capacidad para tomar decisiones audaces transformaron la industria del entretenimiento. Hastings ha demostrado que el poder de decisión y la capacidad de influir positivamente en la organización son esenciales para el éxito empresarial.

Aplicaciones prácticas

1. Desarrollo del liderazgo: Las empresas deben invertir en el desarrollo de las capacidades de liderazgo de sus directivos. Esto incluye formación sobre cómo tomar decisiones eficaces, cómo comunicar una visión clara y cómo motivar a los empleados.

2. Construcción de autoridad: Los líderes deben construir su autoridad a través de la experiencia, la competencia y la credibilidad. Esto puede lograrse mediante el éxito en sus decisiones y la capacidad de influir positivamente en la organización.

3. Gestión de las decisiones: Las decisiones deben gestionarse con eficacia, con un análisis exhaustivo de los datos y una comprensión clara de las consecuencias. Los líderes deben estar preparados para tomar decisiones oportunas y gestionar las consecuencias de sus elecciones.

## Conclusión

"El poder político sale del cañón de una pistola" nos recuerda que el poder de decisión y un liderazgo fuerte son esenciales para el éxito empresarial. En el mundo empresarial, los líderes deben ser capaces de tomar decisiones difíciles, dirigir con autoridad e influir positivamente en la organización. Las lecciones de Mao Tse-Tung, reinterpretadas desde una perspectiva empresarial, ofrecen valiosas ideas para mejorar el liderazgo y el poder de decisión. Los líderes empresariales deben invertir en el desarrollo de sus habilidades de liderazgo y en la construcción de su autoridad para guiar a sus organizaciones hacia el éxito.

# Capítulo 4: "Al servicio del pueblo

Cita original y contexto histórico

"Servir al pueblo".

Esta cita de Mao Tse-Tung es una de las más emblemáticas y refleja su compromiso con el bienestar de las masas. Pronunciada por primera vez en 1944, durante la guerra de resistencia contra Japón, esta frase se convirtió en un principio rector del Partido Comunista Chino. Mao subrayó que el papel del partido y de sus miembros era servir al pueblo, situando las necesidades de éste en el centro de sus acciones.

Interpretación desde una perspectiva empresarial

En el contexto empresarial, esta cita puede reinterpretarse para subrayar la importancia del servicio al cliente y de su satisfacción. Las empresas de éxito sitúan a los clientes en el centro de sus operaciones y se esfuerzan por ofrecer un servicio excelente. He aquí algunos puntos clave:

1. Centralidad del cliente: Las empresas deben situar a los clientes en el centro de sus estrategias y operaciones. Esto significa comprender las necesidades y expectativas de los clientes y trabajar constantemente para satisfacerlas.

2. Excelencia en el servicio: Ofrecer un excelente servicio al cliente es crucial para establecer relaciones duraderas y fidelizar a los clientes. Las empresas deben invertir en la formación del personal y en el desarrollo de procesos que garanticen un servicio de alta calidad.

3. Retroalimentación y mejora continua: Escuchar las opiniones de los clientes y utilizarlas para mejorar continuamente los

productos y servicios es esencial para mantener la competitividad y la relevancia en el mercado.

Ejemplos prácticos

- Zappos: La empresa es conocida por su excepcional servicio de atención al cliente. Zappos pone a los clientes en primer lugar y se esfuerza por superar sus expectativas en cada interacción. Por ejemplo, la empresa ofrece una política de devolución gratuita de 365 días y anima a sus empleados a hacer todo lo posible para satisfacer a los clientes, incluso si eso significa ir más allá de los procedimientos normales de la empresa.
- Ritz-Carlton: La cadena de hoteles de lujo es conocida por su impecable servicio al cliente. Todos los empleados reciben formación para ofrecer una experiencia extraordinaria a los huéspedes, y la empresa tiene una cultura corporativa que valora el servicio excelente. Ritz-Carlton cuenta con un programa denominado "Gold Standards" que orienta a los empleados para que presten un servicio de alta calidad.

Aplicaciones prácticas

1. Formación del personal: Las empresas deben invertir en la formación del personal para garantizar que todos los empleados sean capaces de ofrecer un excelente servicio al cliente. Esto incluye formación en habilidades de comunicación, gestión de quejas y resolución de problemas.
2. Procesos de servicio: Es esencial desarrollar y aplicar procesos que garanticen un servicio al cliente de alta calidad. Esto puede incluir la adopción de tecnología para mejorar la eficacia del servicio, la creación de políticas de devolución flexibles y la implantación de sistemas de retroalimentación de los clientes.
3. Cultura corporativa: Promover una cultura corporativa que valore el servicio al cliente es crucial. Los líderes deben dar

ejemplo y animar a los empleados a dar prioridad a los clientes en cada interacción.

Conclusión

Servir a la gente" nos recuerda que el éxito empresarial depende de situar a los clientes en el centro de las operaciones y de ofrecerles un servicio excelente. En el mundo de los negocios, las empresas que consiguen satisfacer y superar las expectativas de sus clientes construyen relaciones duraderas y fidelizan a sus clientes. Las lecciones de Mao Tse-Tung, reinterpretadas desde una perspectiva empresarial, ofrecen valiosas ideas para mejorar el servicio al cliente y construir una organización centrada en el cliente. Los líderes empresariales deben invertir en la formación del personal, el desarrollo de procesos de servicio y el fomento de una cultura corporativa que valore el servicio al cliente para conducir a sus organizaciones hacia el éxito.

# Capítulo 5: "Unidos podemos ganar

Cita original y contexto histórico

"Unidos podemos ganar".

Esta cita de Mao Tse-Tung refleja la importancia de la unidad y la cooperación para alcanzar objetivos comunes. Mao pronunció estas palabras en diversos contextos, haciendo hincapié en que sólo a través de la unidad y la cooperación podría el Partido Comunista Chino superar los retos y alcanzar la victoria. La unidad se consideraba crucial para el éxito de la revolución y la construcción de una nueva sociedad.

Interpretación desde una perspectiva empresarial

En el contexto empresarial, esta cita puede reinterpretarse para subrayar la importancia del trabajo en equipo y la colaboración. Las empresas de éxito fomentan un entorno de trabajo colaborativo en el que los empleados trabajan juntos para alcanzar objetivos comunes. He aquí algunos puntos clave:

1. Trabajo en equipo: El trabajo en equipo es esencial para el éxito empresarial. Cuando los empleados colaboran y comparten sus habilidades y conocimientos, la empresa puede lograr resultados mejores y más innovadores.

2. Comunicación abierta: La comunicación abierta y transparente es crucial para fomentar la colaboración. Los líderes deben animar a los empleados a compartir ideas, opiniones y preocupaciones de forma constructiva.

3. Objetivos comunes: Definir objetivos claros y comunes ayuda a unir a los empleados y a centrar los esfuerzos en la consecución de resultados compartidos. Los objetivos comunes crean un sentido

de propósito y motivación.

Ejemplos prácticos

- Google: La empresa promueve una cultura de colaboración e innovación. Se anima a los empleados a trabajar juntos y a compartir ideas para desarrollar nuevos productos y servicios. Google también utiliza herramientas de colaboración como Google Workspace para facilitar el trabajo en equipo y la comunicación.

- Pixar: La cultura corporativa de Pixar se centra en la colaboración creativa. Los equipos trabajan juntos para crear películas de animación de éxito, combinando talento y creatividad. Pixar cuenta con un proceso denominado "Braintrust" en el que los directores y los equipos creativos se reúnen para dar su opinión y mejorar los proyectos.

Aplicaciones prácticas

1. Creación de equipos: las empresas deben invertir en actividades de creación de equipos para reforzar las relaciones entre los empleados y promover la colaboración. Esto puede incluir talleres, retiros de empresa y actividades sociales.

2. Herramientas de colaboración: La implantación de herramientas de colaboración como software de gestión de proyectos, plataformas de comunicación y espacios de trabajo compartidos puede facilitar el trabajo en equipo y mejorar la eficacia.

3. Liderazgo colaborativo: Los líderes deben adoptar un estilo de liderazgo colaborativo, fomentando la participación e implicación de los empleados en las decisiones empresariales. Esto crea un entorno de trabajo inclusivo y motivador.

Conclusión

Unidos podemos ganar" nos recuerda que el éxito empresarial depende de la capacidad de trabajar juntos y colaborar para alcanzar objetivos comunes. En el mundo empresarial, las empresas que fomentan un entorno de trabajo colaborativo y valoran el trabajo en equipo consiguen resultados mejores y más innovadores. Las lecciones de Mao Tse-Tung, reinterpretadas desde una perspectiva empresarial, ofrecen valiosas ideas para mejorar la colaboración y el trabajo en equipo. Los líderes empresariales deben invertir en actividades de creación de equipos, aplicar herramientas de colaboración y adoptar un estilo de liderazgo colaborativo para guiar a sus organizaciones hacia el éxito.

# Capítulo 6: "Aprender de la práctica

Cita original y contexto histórico

"Aprender de la práctica".

Esta cita de Mao Tse-Tung subraya la importancia de aprender a través de la experiencia práctica. Mao creía que la teoría siempre debía ponerse a prueba y enriquecerse con la práctica, y que sólo a través de la acción concreta podían adquirirse conocimientos reales y útiles. Este principio era fundamental para su filosofía y su estrategia revolucionaria.

Interpretación desde una perspectiva empresarial

En el contexto empresarial, esta cita puede reinterpretarse para subrayar la importancia del aprendizaje continuo y de la experiencia práctica. Las empresas de éxito invierten en la formación y el desarrollo de sus empleados, promoviendo una cultura de aprendizaje continuo y mejora constante. He aquí algunos puntos clave:

1. Aprendizaje continuo: Las empresas deben promover una cultura en la que el aprendizaje sea un proceso continuo. Esto incluye la formación periódica, la actualización de las competencias y el fomento de la curiosidad y la innovación.

2. Experiencia práctica: El aprendizaje teórico debe complementarse con la experiencia práctica. Los empleados deben tener la oportunidad de aplicar lo aprendido en situaciones reales, experimentando y aprendiendo de sus éxitos y fracasos.

3. Mejora constante: Las empresas deben adoptar un enfoque de mejora continua, buscando siempre formas de optimizar los procesos, aumentar la eficacia e innovar.

Ejemplos prácticos

- Toyota: La empresa es conocida por su enfoque de la mejora continua, conocido como "Kaizen". Toyota anima a sus empleados a aprender de la práctica y a buscar constantemente formas de mejorar los procesos empresariales. Este enfoque ha permitido a Toyota convertirse en uno de los líderes mundiales de la industria automovilística.

- General Electric: Bajo el liderazgo de Jack Welch, GE puso en marcha programas de formación y desarrollo para los empleados, promoviendo una cultura de aprendizaje continuo e innovación. Welch introdujo el programa "Work-Out", que animaba a los empleados a identificar y resolver problemas mediante la acción práctica y la retroalimentación continua.

Aplicaciones prácticas

1. Programas de formación: Las empresas deben invertir en programas de formación que combinen teoría y práctica. Esto puede incluir cursos de formación, talleres, programas de tutoría y oportunidades de aprendizaje sobre el terreno.

2. Proyectos piloto: La puesta en marcha de proyectos piloto permite a los empleados probar nuevas ideas y enfoques en un entorno controlado. Esto fomenta el aprendizaje práctico y la oportunidad de probar y mejorar las innovaciones antes de hacerlo a mayor escala.

3. Retroalimentación y evaluación: La creación de un sistema de retroalimentación continua permite a los empleados aprender de sus éxitos y fracasos. Las evaluaciones periódicas y los comentarios constructivos ayudan a identificar las áreas de mejora y promueven el desarrollo de competencias.

Conclusión

Aprender de la práctica" nos recuerda que el aprendizaje continuo y la experiencia práctica son cruciales para el éxito empresarial. En el mundo empresarial, las empresas que invierten en la formación y el desarrollo de sus empleados y que fomentan una cultura de mejora continua obtienen resultados mejores y más sostenibles. Las lecciones de Mao Tse-Tung, reinterpretadas desde una perspectiva empresarial, ofrecen valiosas ideas para mejorar el aprendizaje y la innovación. Los líderes empresariales deben invertir en programas de formación, poner en marcha proyectos piloto y crear un sistema de retroalimentación continua para guiar a sus organizaciones hacia el éxito.

# CAPÍTULO 7: CONCLUSIÓN

Reflexiones finales

Las citas de Mao Tse-Tung, reinterpretadas desde una perspectiva empresarial, ofrecen valiosas lecciones sobre liderazgo, resistencia, colaboración y servicio al cliente. Mao, con su visión revolucionaria y su capacidad para liderar en tiempos de grandes cambios, aporta ideas que pueden aplicarse en el contexto empresarial moderno. Aunque sus acciones y políticas han sido a menudo controvertidas, sus palabras pueden ser una fuente de inspiración para los líderes que intentan navegar por las complejidades del mundo empresarial.

Síntesis de las lecciones aprendidas

1. **Resiliencia** y determinación: Como se expuso en el capítulo 2, la resiliencia y la determinación son fundamentales para superar los retos e impulsar la transformación empresarial. Las empresas deben estar preparadas para afrontar las dificultades con valentía y perseverancia.

2. Investigación **y análisis**: El capítulo 3 destacó la importancia de la investigación y el análisis de datos para tomar decisiones con conocimiento de causa. Las decisiones basadas en datos concretos son más precisas y fiables.

3. **Un liderazgo fuerte**: En el capítulo 4 vimos cómo un liderazgo fuerte y decisivo es esencial para dirigir la empresa con autoridad e influir positivamente en la organización.

4. **Servicio al cliente**: El capítulo 5 hizo hincapié en la importancia de situar a los clientes en el centro de las operaciones empresariales y de ofrecer un servicio excelente para establecer

relaciones duraderas.

5. **Colaboración** y **trabajo en equipo**: Como se ha expuesto en el capítulo 6, la colaboración y el trabajo en equipo son cruciales para alcanzar objetivos comunes y promover la innovación.

6. Aprendizaje continuo: El capítulo 7 destacó la importancia del aprendizaje continuo y de la experiencia práctica para mejorar las capacidades e innovar.

Llamada a la acción

Invito a los lectores a reflexionar sobre estas citas y a considerar cómo pueden aplicarlas en su contexto empresarial. **La clave del éxito es la capacidad de adaptarse, aprender e innovar continuamente**. He aquí algunas medidas prácticas que puede adoptar:

1. Implemente programas de formación: Invierta en la formación continua de los empleados para mejorar sus capacidades y promover una cultura de aprendizaje.

2. Adopte herramientas de análisis de datos: Utilice herramientas de inteligencia empresarial para recopilar y analizar datos, orientando las decisiones empresariales con información objetiva.

3. Promover la colaboración: Crear un entorno de trabajo que valore la colaboración y el trabajo en equipo, utilizando herramientas de comunicación y de gestión de proyectos.

4. Centrarse en el servicio al cliente: Situar a los clientes en el centro de las operaciones empresariales, escuchar sus comentarios y mejorar continuamente los productos y servicios.

5. Desarrollar un liderazgo fuerte: Formar a los líderes empresariales para que tomen decisiones eficaces, comuniquen una visión clara y motiven a los empleados.

Conclusión

Las lecciones de Mao Tse-Tung, reinterpretadas desde una perspectiva empresarial, ofrecen valiosas ideas para mejorar el liderazgo, la gestión y la estrategia empresarial. Los líderes empresariales deben estar preparados para aprender de la práctica, tomar decisiones con conocimiento de causa y dirigir con autoridad y determinación. Sólo mediante la adaptación, el aprendizaje continuo y la innovación podrán las empresas navegar con éxito por las complejidades del mundo empresarial y construir un futuro próspero.

Estrategias revolucionarias: El manual rojo de la empresa moderna

Descubra cómo las palabras de uno de los líderes más influyentes del siglo XX pueden transformar su enfoque de los negocios. En "Estrategias revolucionarias", reinterpretamos las citas de Mao Tse-Tung desde una perspectiva empresarial, ofreciendo valiosas lecciones de liderazgo, resistencia, colaboración y servicio al cliente.

Cada capítulo explora una cita específica de Mao, proporcionando el contexto histórico, la interpretación empresarial y ejemplos prácticos de cómo se pueden aplicar estas ideas para mejorar la gestión y la estrategia empresarial. Aprenderá cómo:

- Afrontar los retos con resistencia y determinación
- Tomar decisiones informadas y basadas en pruebas
- Liderar con autoridad e influir positivamente en la organización
- Situar a los clientes en el centro de las operaciones empresariales
- Fomentar la colaboración y el trabajo en equipo
- Invertir en aprendizaje continuo y experiencia práctica

# DE LA TEORÍA A LA PRÁCTICA: SU MANUAL PARA UN NEGOCIO RENTABLE

Estrategias revolucionarias: El manual rojo de la empresa moderna' no es sólo una colección de principios; es un plan de acción para quienes están decididos a sobresalir. Cada capítulo es un paso hacia la realización de su potencial empresarial, que le proporciona no sólo los conocimientos, sino también el método para aplicarlos con precisión. Desafíe las convenciones y supere sus límites. Este libro es su aliado para conseguir una mentalidad ganadora, ya que le proporciona la claridad y la dirección que necesita para convertir cada oportunidad en un triunfo. Empiece ahora: aplique estas estrategias y construya el futuro que se merece

www.ingramcontent.com/pod-product-compliance
Lightning Source LLC
Chambersburg PA
CBHW051532240526
45471CB00019B/1321